¿Quién fue Sacagawea?

Por Dennis Brindell Fradi
Judith Bloom Fradin
Ilustrado por Val Paul Tayl
Traducido del inglés por Inés Elvir

Grosset & Dunlap
An Imprint of Penguin Group (USA) I

Para nuestras queridas sobrinas:
Rebecca Fradin Polster, Arielle Joy Polster,
y Leslie Sharf Polster—JBF y DF

Para la abuela Gwen, para mi madre Charol y para Vern—VPT

Los autores agradecen su ayuda
a Sally Freeman, Jill Harding y Curt Johnson

GROSSET & DUNLAP
Published by the Penguin Group
Penguin Group (USA) Inc., 375 Hudson Street, New York, New York 10014, USA
Penguin Group (Canada), 90 Eglinton Avenue East, Suite 700,
Toronto, Ontario M4P 2Y3, Canada (a division of Pearson Penguin Canada Inc.)
Penguin Books Ltd., 80 Strand, London WC2R 0RL, England
Penguin Group Ireland, 25 St. Stephen's Green, Dublin 2, Ireland
(a division of Penguin Books Ltd.)
Penguin Group (Australia), 250 Camberwell Road, Camberwell, Victoria 3124, Australia
(a division of Pearson Australia Group Pty. Ltd.)
Penguin Books India Pvt. Ltd., 11 Community Centre,
Panchsheel Park, New Delhi—110 017, India
Penguin Group (NZ), 67 Apollo Drive, Rosedale, Auckland 0632, New Zealand
(a division of Pearson New Zealand Ltd.)
Penguin Books (South Africa) (Pty.) Ltd., 24 Sturdee Avenue,
Rosebank, Johannesburg 2196, South Africa
Penguin Books Ltd., Registered Offices: 80 Strand, London WC2R 0RL, England

Spanish translation by Inés Elvira Rocha.

Spanish edition published in 2012 by Grosset & Dunlap, a division of Penguin Young Readers Group, 345 Hudson Street, New York, New York 10014. GROSSET & DUNLAP is a trademark of Penguin Group (USA) Inc. Printed in the U.S.A.

The Library of Congress has cataloged the original English edition
under the following Control Number: 2002511789

ISBN 978-0-448-45858-8 10 9 8 7 6 5 4 3 2 1

ALWAYS LEARNING PEARSON

Contenido

¿Quién fue Sacagawea?

En el año 2000, Estados Unidos emitió una nueva moneda de un dólar. El lado de la 'cara' presenta una india americana que carga a su bebé.

¿Quién es esta joven madre? Su nombre era Sacagawea (Sa KA ga WE a) y, hace doscientos años, tomó parte en la expedición de Lewis y Clark, los exploradores que viajaron a través del noroeste americano. Cuando los exploradores estaban hambrientos, ella encontraba alimentos. Cuando se topaban con indios en la ruta, ella hacía de traductora. Gracias a su ayuda, la expedición fue un éxito.

La expedición de Lewis y Clark cambió la historia americana al contribuir a la colonización de una inmensa región. Dicha área incluía lo que luego se convirtió en los estados de

Idaho, Washington y Oregón.

Sacagawea tenía tan solo 16 años cuando atravesó Estados Unidos con su bebé en su espalda. Esta es su verdadera historia.

MAPA DEL VIAJE A LA COSTA, 1804–1805

Capítulo 1
Una niña shoshón

Sacagawea nació en lo que hoy es Idaho, en 1789 o 1790. Era una india shoshón. Su tribu habitaba en la Cordillera Bitterroot, en las Montañas Rocosas. Acampaban frecuentemente cerca del río Snake (serpiente), por lo que también eran conocidos como los Indios Serpiente.

Cuando niña tuvo muchos nombres diferentes, cosa que era común entre los indios jóvenes. Con el tiempo, llegó a ser conocida como Sacagawea. *Sacaga* significa "pájaro" y *wea* es "mujer", así que su nombre significa "Mujer Pájaro". Es posible que la llamaran así porque era pequeña y se movía rápidamente, como un pájaro.

Sacagawea tenía un hermano mayor llamado Cameahwait (Ka MI ah weit). También tenía otro hermano y una hermana. Su familia habitaba en una tienda llamada tipi. Los shoshón eran nómadas pacíficos.

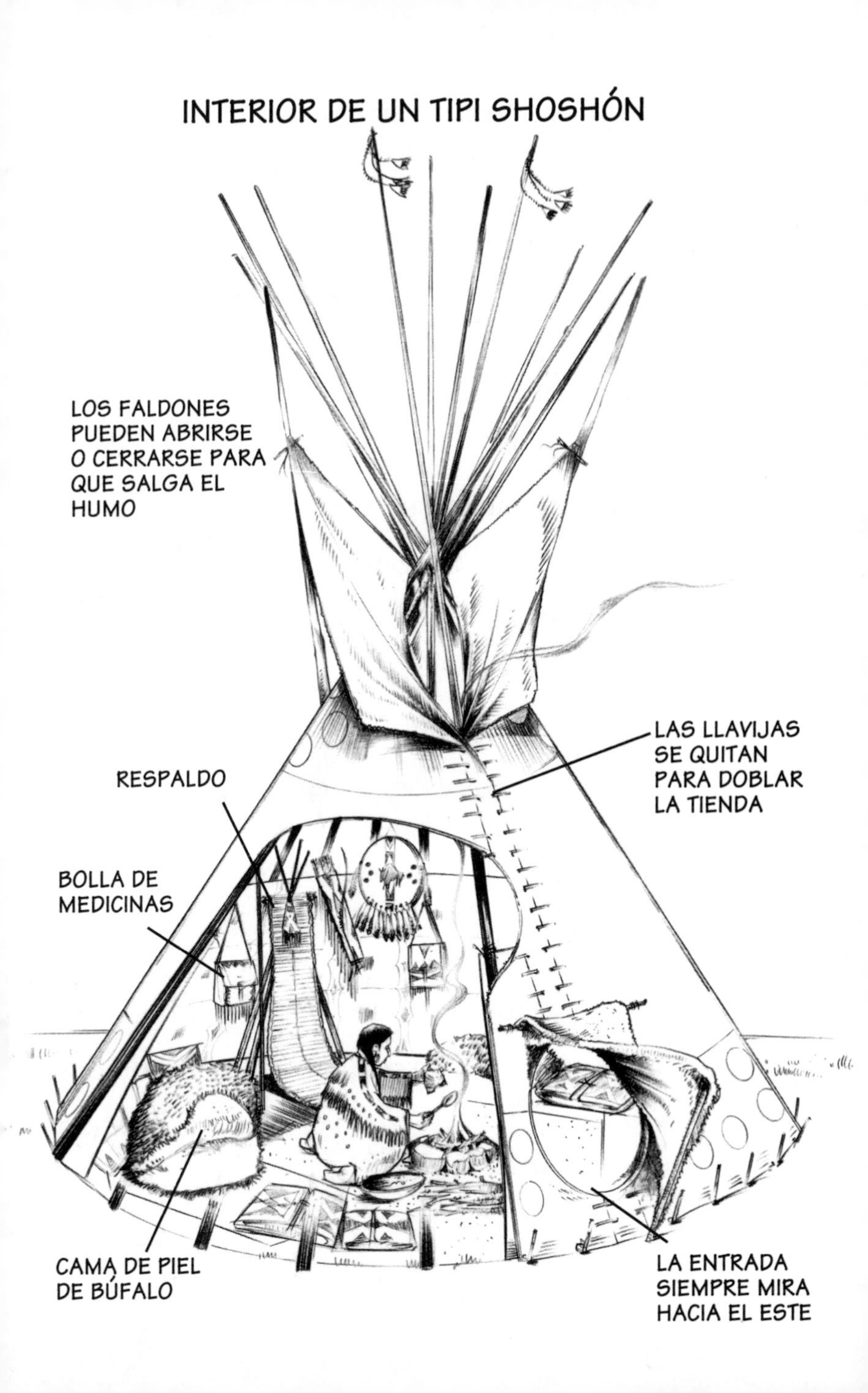
INTERIOR DE UN TIPI SHOSHÓN
LOS FALDONES PUEDEN ABRIRSE O CERRARSE PARA QUE SALGA EL HUMO
RESPALDO
LAS LLAVIJAS SE QUITAN PARA DOBLAR LA TIENDA
BOLLA DE MEDICINAS
CAMA DE PIEL DE BÚFALO
LA ENTRADA SIEMPRE MIRA HACIA EL ESTE

Entre mayo y septiembre, los shoshones acampaban al lado

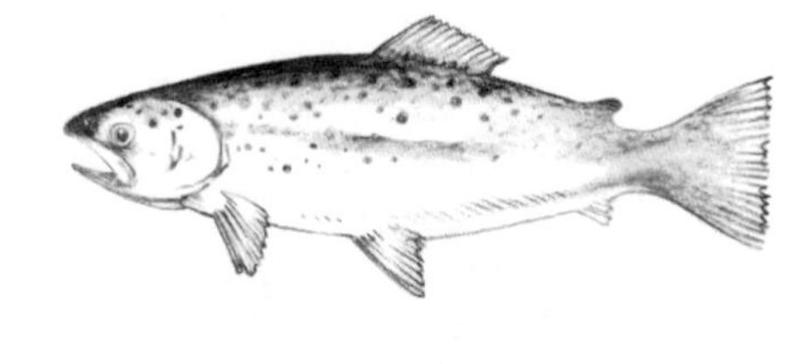

de los ríos y se dedicaban a pescar salmón y trucha. En el otoño, cargaban sus tipis en los caballos y se dirigían al este, hacia las

llanuras de lo que hoy es Montana. Allí, los hombres cazaban búfalos montados a caballo y utilizando arcos y flechas.

El clima solía ser muy frío, por lo cual los hombres, mujeres y niños shoshón necesitaban mucha ropa de abrigo. Sacagawea usaba un vestido y mallas hechas de pieles de venado. Encima de ellos llevaba una túnica de piel de búfalo que le llegaba hasta las rodillas. En la noche, la túnica hacía las veces de manta.

Sus zapatos de invierno también eran hechos de piel de búfalo, con la lana en la parte interior. Sus ropas estaban decoradas con cuentas y púas de puercoespín.

CACERÍA DE BÚFALO

INDIOS DE LAS LLANURAS DEPENDÍAN DE ELLOS PARA SU ALIMENTACIÓN, VESTIDOS DE INVIERNO Y ALBERGUES. SUS TIPIS ERAN HECHOS DE PIEL DE BÚFALO.

LOS BLANCOS COMENZARON A ESTABLECERSE EN LAS GRANDES LLANURAS POCO DESPUÉS DE LA EXPEDICIÓN. EL GOBIERNO DE ESTADOS UNIDOS INTENTÓ FORZAR A LAS TRIBUS INDÍGENAS A VIVIR EN RESERVAS— TERRENOS MÁS PEQUEÑOS.

HACIA FINALES DE LOS AÑOS 1800, LOS CAZADORES BLANCOS DE BÚFALOS DEJARON TAN SÓLO 550 BISONTES AMERICANOS. TRAS PERDER SU FUENTE DE ALIMENTO Y ALBERGUE, LOS INDIOS TUVIERON QUE TRASLADARSE A LAS RESERVAS.

A MEDIADOS DE LOS AÑOS 1900, ALGUNOS BISONTES FUERON REINTEGRADOS A LAS LLANURAS. HOY DÍA, 150.000 BISONTES VIVEN EN RANCHOS Y PARQUES NACIONALES EN ESTADOS UNIDOS Y CANADÁ.

Los shoshón no tenían escuelas. Sacagawea aprendió trabajando con las mujeres de su tribu. Recolectaba leña para las hogueras y ayudaba a hacer mocasines, trajes y tipis. Recogía frutos y desenterraba raíces para consumo de su familia. También aprendió los usos medicinales de las plantas.

Los ancianos de la tribu enseñaron a Sacagawea las creencias de su pueblo. De ellos aprendió que el Creador hizo el mundo y Coyote hizo a los seres humanos.

Se le advirtió sobre los Hombres Pequeños que disparaban flechas invisibles. Para divertirse con sus amigos, apostaba carreras y hacía malabares con pelotas de barro.

Al igual que todas las niñas shoshón, Sacagawea fue prometida a un hombre mayor. Se convertiría en su esposa cuando cumpliera 13 o 14 años. Pero, en 1800, su vida cambió por completo.

Sacagawea tenía 10 u 11 años en ese momento. Su tribu acampaba cerca de lo que ahora es Three Forks, en Montana.

De repente, los indios hidatsa atacaron. Esa tribu contaba con fusiles mientras que los shoshón tan solo tenían arcos y flechas. En el ataque murieron quince personas de la tribu de Sacagawea y el resto huyó al bosque. Los hidatsa les dieron caza y tomaron prisioneras a mujeres y niños. Sacagawea intentaba

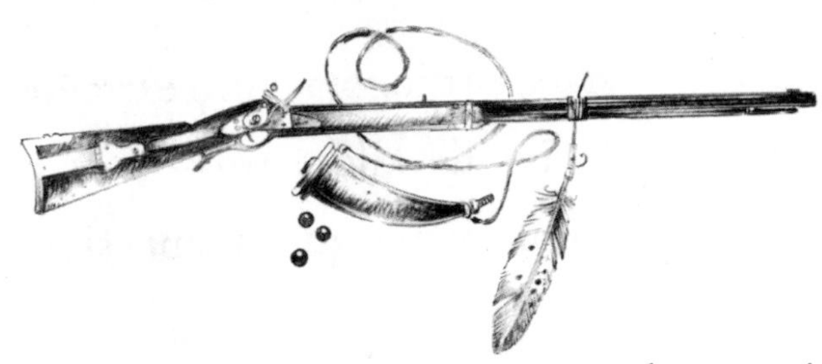

atravesar el río cuando un guerrero la atrapó. Tras subirla a su caballo, el guerrero emprendió la retirada. Su mejor amiga también fue capturada.

Sacagawea y los otros prisioneros fueron llevados a casi mil kilómetros de distancia, hasta un poblado hidatsa en Dakota del Norte. La amiga de Sacagawea escapó, pero ella no lo logró y fue entregada a una familia hidatsa.

Sacagawea estaba prisionera entre extraños y se encontraba a cientos de kilómetros de su hogar. Extrañaba a su familia y ni siquiera sabía si seguían con vida.

El poblado en el que ahora vivía era visitado con frecuencia por un comerciante canadiense de pieles cuyo nombre era Toussaint Charbonneau (TU sent Shar bo NO).

Charbonneau era tres veces más viejo que Mujer Pájaro pero, cuando la vio, quiso que fuera su esposa. Los hidatsa se la vendieron y, así, Sacagawea se convirtió en una de sus esposas indígenas. Ahora pertenecía a otro desconocido.

Sacagawea y su esposo se establecieron en un poblado de indios mandan e hidatsa. Para cuando tenía unos 15 años Sacagawea estaba ya embarazada. Su hijo aun no había nacido cuando unos extraños llegaron al poblado. Una vez más, la vida de Mujer Pájaro estaba a punto de cambiar . . .

TÚNICA DE BÚFALO

THOMAS JEFFERSON

THOMAS JEFFERSON (1743-1826) NACIÓ EN EL CONDADO DE ALBEMARLE, EN VIRGINIA. SU FAMILIA POSEÍA UNA PLANTACIÓN Y APROXIMADAMENTE VEINTE ESCLAVOS.

EN 1776, JEFFERSON ESCRIBIÓ LA DECLARACIÓN DE INDEPENDENCIA. POCO DESPUÉS DE QUE ESTADOS UNIDOS SE CONVIRTIERA EN UNA NACIÓN INDEPENDIENTE, JEFFERSON INTENTÓ ENVIAR DOS EXPEDICIONES A EXPLORAR EL OESTE AMERICANO. AMBAS FRACASARON. JEFFERSON SE CONVIRTIÓ EN EL TERCER PRESIDENTE DE LOS ESTADOS UNIDOS EN 1801. EN 1803, EL CONGRESO AUTORIZÓ A JEFFERSON UNA PARTIDA DE $2.500 PARA EXPLORAR EL NORTE DE AMÉRICA. A FINALES DE ESE VERANO, LA EXPEDICIÓN DE LEWIS Y CLARK PARTIÓ DE SAN LUIS.

JEFFERSON FUE PRESIDENTE DURANTE DOS PERIODOS, DESDE 1801 HASTA 1809. POSTERIORMENTE FUNDÓ Y CONSTRUYÓ LA UNIVERSIDAD DE VIRGINIA. SU BIBLIOTECA PERSONAL- DE 6.400 VOLÚMENES- LLEGÓ A SER EL NÚCLEO DE LA BIBLIOTECA DEL CONGRESO. THOMAS JEFFERSON MURIÓ EL 4 DE JULIO DE 1826.

Capítulo 2
Visitantes

Hace dos siglos Estados Unidos era mucho más pequeño que ahora; solamente incluía las tierras entre el océano Atlántico y el río Mississippi. El país creció muchísimo en 1803. En ese año, Francia le vendió a nuestra joven nación 2.144.476 kilómetros cuadrados de tierra al oeste del Mississippi. A ese negocio se lo llamó la Compra de Luisiana y duplicó el tamaño del país. Posteriormente, la región fue dividida en quince estados.

Gran parte de esas nuevas tierras estaban aún sin explorar. ¿Cómo eran? ¿Quiénes vivían allí? ¿Qué animales y plantas habría allí?

El Presidente Thomas Jefferson planeó una expedición que se dirigiera hacia el noroeste hasta llegar al Océano Pacífico. Los exploradores

viajarían principalmente por río y harían mapas de las regiones. De camino, comerciarían con los indios que encontraran.

Los viajeros no se limitarían a visitar el territorio de la Compra de Luisiana, también explorarían lo que hoy conocemos como Idaho, Washington y Oregón. Los británicos tenían interés en dicha región y Jefferson quería que los exploradores americanos llegaran primero. Eso fortalecería los derechos americanos en la zona. A nadie se le

ocurrió pensar que dichas tierras ya pertenecían a los indios.

Dos militares estarían a cargo de la expedición: Meriwether Lewis, de 29 años, era amigo del presidente Jefferson y su secretario personal. Lewis escogió a William Clark como su segundo en la expedición. Clark, de 33 años, era un hombre alto, pelirrojo y amistoso.

El primer trabajo de Clark era conseguir hombres para la expedición. Necesitaban hombres que supieran cazar, manejar caballos, y construir botes y fortines. Además, el Presidente Jefferson quería que quedara un registro del viaje, así que también necesitaban hombres que pudieran

llevar un diario. La mayoría de la información que poseemos sobre Sacagawea proviene de esos diarios.

El Capitán Clark reunió 43 hombres. Se llamaban a sí mismos Cuerpo de Descubrimiento. Varios hablaban francés, uno conocía el lenguaje

de signos indio, otro tocaba violín . . . entretendría a los hombres mientras se encontraban lejos de casa. York, el esclavo de Clark, también tomó parte en el viaje. Uno de los participantes tenía cuatro patas: el Capitán Lewis llevó a Seaman, su perro terranova de 65 kilos.

El Cuerpo de Descubrimiento partió de San Luis el 14 de mayo de 1804. Iniciaron el viaje remando río arriba por el Mississippi en una barcaza y dos botes más pequeños. Para finales de octubre—la época que los indios llamaban la "Luna de la Caída de las Hojas"— los exploradores se encontraban en la parte central de Dakota del Norte, la zona en la que Sacagawea vivía con Charbonneu. Los viajeros se detuvieron en la zona para pasar el invierno. Allí construyeron un poblado de cabañas al que llamaron "Fuerte Mandan".

Muy pronto, Charbonneau oyó interesantes noticias.

Lewis y Clark estaban buscando a una persona

más para tomar parte en la expedición. En una etapa del viaje necesitarían caballos para atravesar las montañas Bitterroot. Esperaban obtenerlos con

los indios shoshón, famosos por la cría de caballos. Los exploradores necesitarían a alguien que pudiera comunicarse con los shoshones.

Charbonneau llevó a su esposa embarazada a conocer a Lewis y Clark y les informó que ella era y hablaba shoshón. Él también quería tomar parte en el viaje; hablaba francés e hidatsa y podría serles útil.

Los capitanes pidieron a Mujer Pájaro y Charbonneau que los acompañaran. Acordaron pagarle al comerciante $500 lo cual, a principios de 1800, era una fortuna. Sacagawea y su esposo eran ahora parte del Cuerpo de Descubrimiento. La pareja se trasladó al Fuerte Mandan para pasar el invierno y compartió una cabaña con Lewis, Clark y York.

El 11 de febrero de 1805, Mujer Pájaro estaba a punto de dar a luz a su bebé. Para apresurar el parto, le dieron un polvo especial hecho con la cola de la serpiente cascabel. Lo bebió con agua y, diez minutos después, dio a luz a un niño.

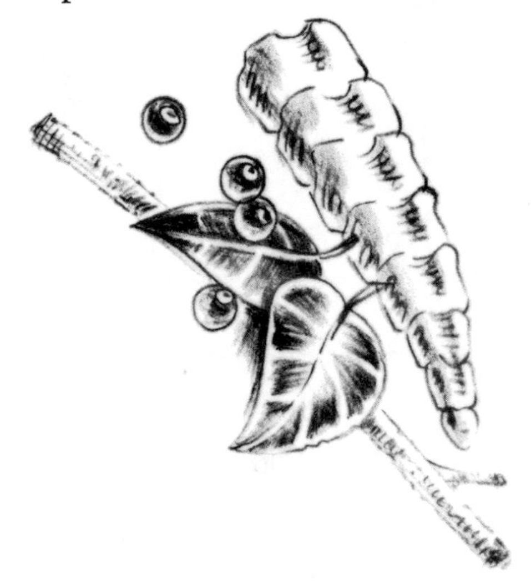

INTERIOR DE UN REFUGIO DE BARRO MANDAN
LAS PERSONA SOLÍAN SENTARSE, EN EL TECHO, LOS NIÑOS TAMBIEN JUGABAN AHÍ
ZONA DE ALMACENAMIENTO
DORMITORIO

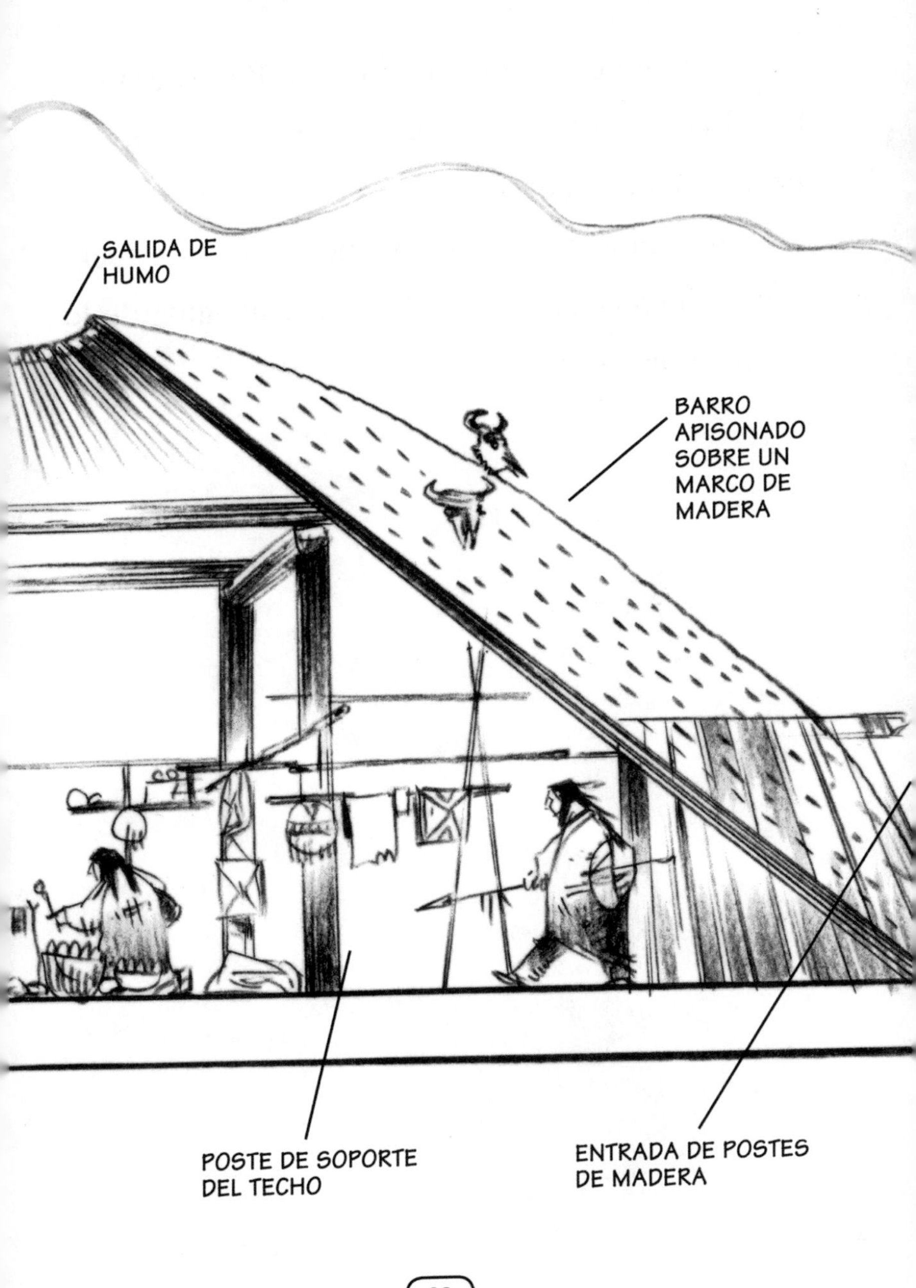
SALIDA DE HUMO
BARRO APISONADO SOBRE UN MARCO DE MADERA
POSTE DE SOPORTE DEL TECHO
ENTRADA DE POSTES DE MADERA

Charbonneau llamó al niño Jean Baptiste (Llan ba TIST). Clark, por su parte, llamaba "Pomp" al bebé y "Janey" a Sacagawea.

Los capitanes esperaban que Sacagawea fuera muy útil en el largo viaje. Nunca se imaginaron lo valiosa que les sería.

Capítulo 3
El río de Mujer Pájaro

El invierno de 1804–1805 fue muy frío. Al amanecer el 9 de enero la temperatura era de 21 grados bajo cero. A la mañana siguiente llegó a 40 bajo cero. ¡No es de sorprenderse que los indios llamaran a esta época del año "helada en el tipi"! En el Fuerte Mandan todos trataban de mantenerse calientes y encontrar alimentos, pero los cazadores no corrían con suerte. Afortunadamente, los indios mandan de los poblados cercanos tenían maíz para comerciar con los exploradores.

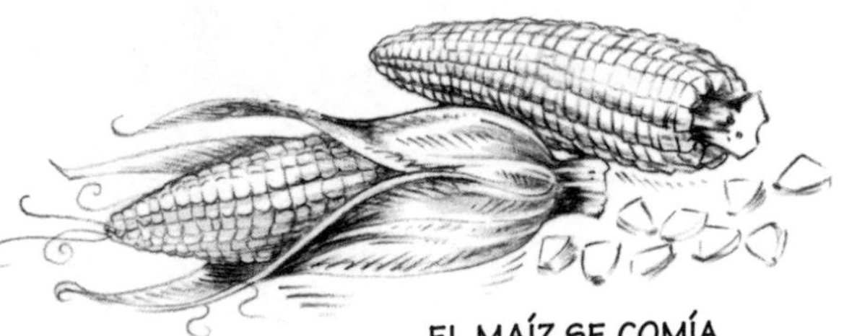

EL MAÍZ SE COMÍA CRUDO O SE SECABA PARA GUARDARLO PARA EL INVIERNO

Los mandan también les mostraron cómo hacían las cuentas de vidrio azul que ellos llamaban "cuentas de jefe" y que eran usadas por las tribus del noroeste como moneda. Las cuentas también servían como decoración en el pelo, aretes y collares. Sacagawea tenía un cinturón de cuentas azules que era su más valiosa posesión.

A principios de abril, Lewis y Clark enviaron una barcaza y algunos hombres de regreso a donde el Presidente Jefferson. El bote iba cargado de regalos para el presidente, incluyendo un perrito de las praderas, cuatro urracas, muchas plantas recién descubiertas y una túnica india.

Mientras tanto, los hombres del Fuerte Mandan estaban muy ocupados. Construyeron botes nuevos para poder continuar su largo viaje hasta el océano, y los cargaron de alimentos y otros pertrechos.

El 7 de abril, los viajeros—incluyendo a Sacagawea, Charbonneau y Pomp—abandonaron el Fuerte Mandan. Remaron Mississippi arriba en

AL ABANDONAR SU REFUGIO DE INVIERNO EN EL POBLADO MANDAN, LOS EXPLORADORES SE DIRIGIERON HACIA EL NOROESTE, A TERRITORIOS DESCONOCIDOS.

seis pequeñas canoas y dos piraguas. Las piraguas eran botes de remo, largos, angostos y con velas.

A medida que remaban hacia el oeste, todos los viajeros—excepto uno—se alejaban de sus hogares. Tan solo Mujer Pájaro se dirigía a casa. No había visto a su familia y amigos en cinco años, había sido esclavizada—primero por los hidatsa, luego por Charbonneau. Ahora, gracias a Lewis y Clark, se dirigía de regreso a su tierra natal. ¿Encontraría a su pueblo? ¿Estarían vivos su familia y amigos? ¿Qué pensarían de su bebé?

Sacagawea viajaba a ratos en alguno de los botes, otros ratos caminaba por la ribera con Clark. Pomp iba con ella en una cuna a su espalda. En las noches, Mujer Pájaro y su familia compartían una

tienda con los dos capitanes y York. Clark provenía de una familia grande y cariñosa, por lo que rápidamente se encariñó con Sacagawea y Pomp. También supo que aceptarla en la expedición había sido una decisión muy inteligente.

Al tercer día de viaje, Sacagawea encontró unas deliciosas alcachofas silvestres al detenerse los botes y las cocinó para la cena. Durante la expedición,

Mujer Pájaro encontró muchas plantas comestibles, incluyendo grosellas y otras bayas.

Cinco semanas después, Sacagawea evitó un desastre. El 14 de mayo de 1805 fue un día con mucha niebla. Lewis y Clark caminaban por la ribera del río Misuri. Mujer Pájaro, con Pomp a su espalda,

se encontraba en una de las piraguas. Su esposo iba al timón y otros hombres los acompañaban. Se encontraban a 90 metros de la orilla.

De repente, una ráfaga de viento volteó momentáneamente el bote que, rápidamente, se llenó de agua. Charbonneau gritó, pues no sabía nadar. Mientras los otros hombres sacaban el agua desesperadamente, Sacagawea vio que sus cosas se alejaban por el río.

Posteriormente, Clark escribió en su diario:

Una borrasca golpeó nuestra vela de costado y estuvo a punto de voltear la piragua . . . Las cosas que flotaban en el río fueron recuperadas, casi todas, por [Sacagawea] . . . En esa piragua se encontraban nuestros documentos, instrumentos, libros, medicinas y en pocas palabras, casi todos los artículos necesarios para garantizar el éxito de nuestra empresa.

Si Sacagawea no hubiese rescatado todo eso, la expedición probablemente habría tenido que cancelarse.

Los capitanes querían honrar a Sacagawea y, por ello, dieron su nombre a un riachuelo en la zona central de Montana. "Este riachuelo fue bautizado Río de Mujer Pájaro, en honor a nuestra intérprete, la mujer Serpiente", escribió Lewis. En los mapas aparece como el río Sacagawea.

A medida que se acercaban a las montañas, la corriente del río Misuri se hacía más rápida y clara. Álamos y sauces bordeaban las riberas. En la distancia, pinos y enebros cubrían las tierras altas. Pero las tierras altas también eran sinónimo de temperaturas más bajas. En las noches, el agua se congelaba en las teteras a pesar de ser finales de mayo.

La lluvia y la nieve dificultaban el viaje pero había cantidades de venados y búfalos para cazar. Los exploradores almacenaban la carne en sus canoas.

Los hombres que tiraban de las canoas cargadas tenían que meterse en el agua helada hasta el pecho.

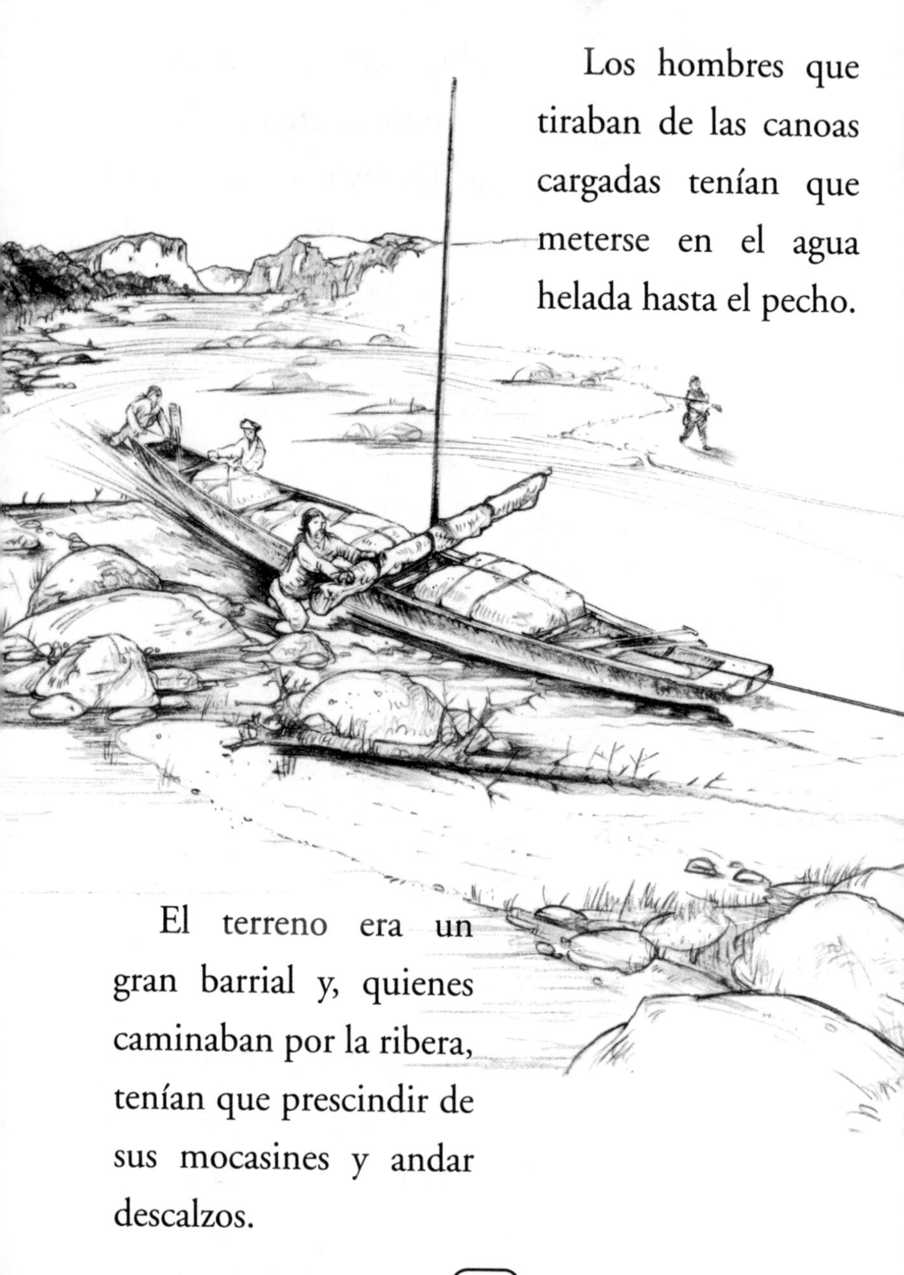

El terreno era un gran barrial y, quienes caminaban por la ribera, tenían que prescindir de sus mocasines y andar descalzos.

No pasaba un día sin que se presentaran problemas. Clark y Mujer Pájaro estuvieron a punto de ser picados por serpientes cascabel. Los mosquitos devoraban a los hombres y el cuerpo del pequeño Pomp estaba cubierto de llagas. Los hombres caían uno tras otro enfermos de gripe, fiebres y diarrea.

Alrededor del primero de junio, Sacagawea tenía fiebre. Viendo que empeoraba cada día, los capitanes comenzaron a temer que muriera. También temían que la expedición fracasara sin ella. ¿Cómo conseguirían caballos sin su traductora shoshón? Y, sin caballos, ¿cómo atravesarían las Montañas Bitterroot? Y, ¿quién se encargaría de Pomp si su madre moría?

El 16 de junio de 1805, Clark escribió en su diario:

"La mujer india está muy mal y . . . sin sentido."

Los capitanes hacían turnos para cuidar a Sacagawea. Le daban té de cortezas de árbol y le traían de los arroyos agua rica en hierro. Finalmente, el 24 de junio, Sacagawea comenzó a sentirse mejor.

Para entonces, la expedición había llegado a las grandes cascadas del Misuri. Las cascadas descienden 120 metros. Los viajeros no podían ascender las cascadas en sus botes así que tuvieron que rodearlas, llevándolos por tierra.

Para ello, los colocaron sobre ruedas hechas de rebanadas de troncos. Luego, los hombres los empujaban y arrastraban por el difícil terreno. Las espinas de los cactus atravesaban las suelas de sus mocasines; los osos merodeaban por su campamento en las noches. Seaman, el perro de Lewis, pasaba las noches ladrando para espantarlos.

Luego llegaron las tormentas. La peor fue la del 29 de junio . . . Mujer Pájaro, cargando a Pomp, caminaba por el lecho seco de un riachuelo. Charbonneau y Clark iban con ella.

Cuando comenzó a llover, el grupo se resguardó bajo un saliente de roca. La lluvia se convirtió en un aguacero. De repente, una crecida bajó rugiendo por el barranco. En segundos el grupo se encontró con el agua en la cintura.

Empujando a Sacagawea y Pomp frente a él, Clark luchaba por escalar el risco. Charbonneau tiraba de Sacagawea. Lograron escapar segundos antes de que el barranco se llenara con casi 5 metros de agua. La cuna de Pomp desapareció en la corriente pero Sacagawea logró aferrarse a su hijo.

Mientras tanto, inmensas bolas de granizo golpeaban el campamento. Varios hombres resultaron heridos. Un hombre fue derribado tres veces. El Capitán Lewis informó que el granizo alcanzaba 17 centímetros de diámetro y rebotaba hasta tres metros tras golpear el suelo.

El 1 de julio completaron el trayecto por tierra. Las cascadas se encontraban tras ellos. Los hombres construyeron dos nuevas canoas al estilo indio, quemando y raspando el interior de troncos de álamo. El viaje continuó Misuri arriba en ocho canoas.

Hacia el final de julio, Sacagawea comenzó a reconocer el paisaje. Estaba emocionada. ¡Tras cinco años, estaba de regreso en su hogar! El 22 de julio llegaron a un riachuelo que Sacagawea recordaba como uno de los puntos de descanso de su gente. Poco después, mostró a los hombres el sitio exacto en el que había sido secuestrada.

Los días pasaban y no había señales de su pueblo. Los dos capitanes comenzaban a desesperarse. Habían dado por hecho que conseguirían caballos y guías entre los shoshones. Si no, ¿cómo atravesarían las montañas? Para empeorar las cosas, los hombres estaban exhaustos y los alimentos comenzaban a escasear.

No obstante, Sacagawea no perdía la esperanza. Cuando alcanzaron una roca conocida como Cabeza de Castor, se sintió segura de que los shoshones se encontraban cerca.

El 1 de agosto los exploradores se dividieron en dos grupos para buscar a la tribu de Sacagawea. Lewis iba al frente de un pequeño grupo por tierra. Mujer Pájaro y su familia permanecieron con Clark y el resto de los hombres, continuando el viaje en las canoas.

Capítulo 4
De regreso a casa

En la mañana del 13 de agosto de 1805, Lewis y sus hombres encontraron a dos mujeres y una niña shoshón. Las indias inclinaron sus cabezas esperando que las asesinaran. Pero Lewis les habló amablemente, les entregó cuentas y espejos. En señal de paz, también les pintó de rojo las mejillas. Las tres mujeres aceptaron guiar a Lewis y sus hombres hasta el poblado.

De camino, 60 guerreros shoshón aparecieron a caballo y embistieron en dirección a Lewis y sus hombres. El jefe desmontó y acogió a Lewis con un abrazo. Luego guió a los cuatro extraños hasta el poblado. Allí, los exploradores y los indios compartieron la pipa de la paz.

Lewis invitó al jefe a conocer al resto de los exploradores y le informó que con ellos viajaba una mujer shoshón. El jefe aceptó ir pero sus guerreros temían que fuera una emboscada.

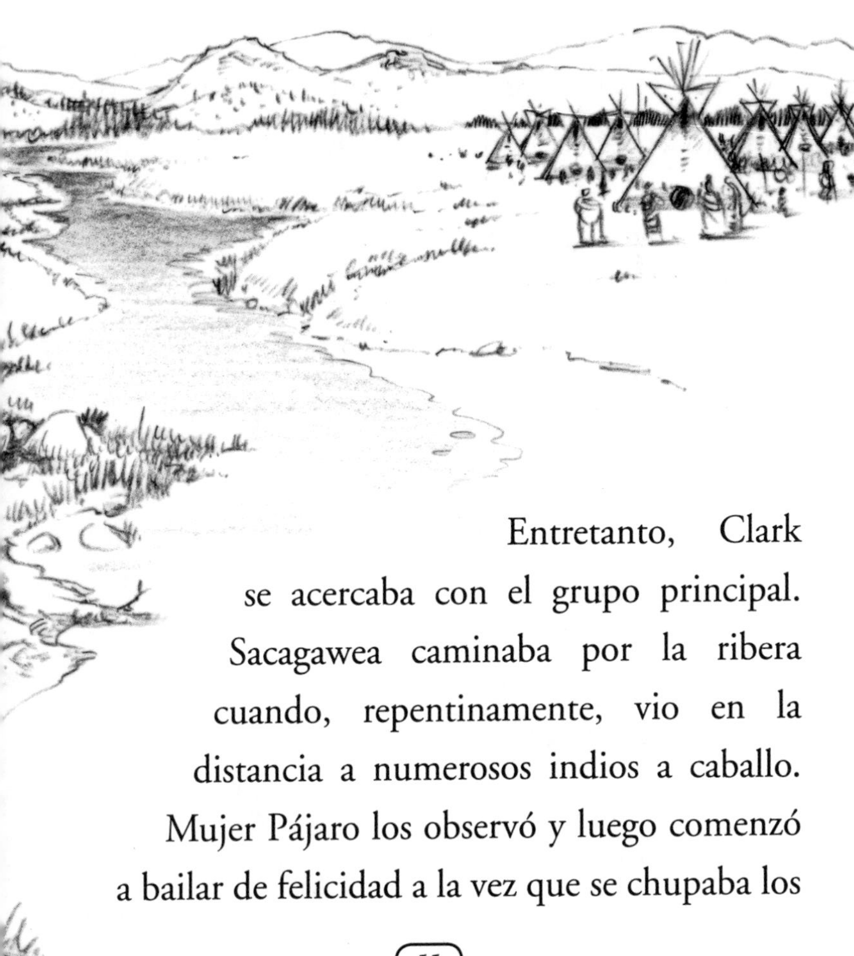

Entretanto, Clark se acercaba con el grupo principal. Sacagawea caminaba por la ribera cuando, repentinamente, vio en la distancia a numerosos indios a caballo. Mujer Pájaro los observó y luego comenzó a bailar de felicidad a la vez que se chupaba los dedos, una señal india que significaba "¡Esta es mi gente!".

Los guerreros shoshones también se alegraron de verla. Ahora sabían que el hombre blanco no tenía malas intenciones. Juntos, los indios y los exploradores se dirigieron al poblado shoshón. Cuando estaban cerca, una mujer joven se abrió camino entre la multitud y abrazó a Sacagawea.

Comenzaron a hablar atropelladamente. Mujer Pájaro acababa de encontrar a su mejor amiga, aquella niña que había escapado de los hidatsa. No se habían visto en cinco años.

En el poblado, los capitanes se reunieron con el jefe. Sacagawea tuvo que hacer de traductora y, antes de sentarse, miró al jefe: llorando de alegría se acercó a él y lo cubrió con su túnica en señal de amor. El jefe shoshón era su hermano, ¡era Cameahwait!

Cameahwait estaba feliz de ver a su hermana, perdida

hacía tanto tiempo. Los hermanos conversaron un rato y, luego, Mujer Pájaro se sentó para traducir. Estaba tan contenta que cada cierto tiempo rompía a llorar, pero el jefe tenía que mantener su dignidad.

Sacagawea explicó que los capitanes necesitaban caballos. Aun las preguntas más simples se hacían difíciles porque tenían que ser traducidas del inglés

al francés, de este al hidatsa y, por último, al shoshón. Las respuestas del jefe recorrían el camino contrario: de shoshón a hidatsa, a francés y, finalmente, a inglés. El negocio se cerró: los exploradores darían a los indios hachas de guerra, cuchillos y ropas. A cambio, el jefe les suministraría caballos y guías. Ahora, la expedición podría atravesar las Montañas Bitterroot.

Sacagawea y los exploradores pasaron varios días con los shoshones y ella se enteró de varias malas noticias. La mayoría de su familia había muerto. Cameahwait, otro hermano y el hijo pequeño de su hermana era sus únicos parientes con vida. Mujer Pájaro debió sentir la tentación de quedarse con su gente pero optó por continuar el viaje con el Cuerpo de Descubrimiento. Tan solo podemos imaginar sus motivos. Tal vez sentía lealtad hacia los exploradores que la habían tratado bien a ella y a su hijo. Tal vez nunca se había sentido tan importante. Puede ser que la posibilidad de visitar a otras tribus y ver el océano también haya sido algo emocionante para una joven como ella.

Los exploradores aun estaban con los shoshón cuando Mujer Pájaro escuchó por casualidad algo muy preocupante. Su hermano había cambiado de idea: iba a romper su promesa. Se quedaría con los caballos y llevaría a su hambriento pueblo a cazar búfalos. Sacagawea le informó a Charbonneau lo

que había oído y le pidió
que le avisara al Capitán Lewis.

Lewis hizo frente a Cameahwait. El jefe estaba avergonzado y prometió cumplir su palabra. Una vez más, Sacagawea había salvado la expedición . . . sin caballos, los exploradores no habrían podido continuar su viaje hacia el oeste.

PARA CARGAR COSAS
PESADAS SE UTILIZABA
UNA "TRAVOIS" TIRADA
POR CABALLOS O PERROS.

A finales de agosto—la "Luna en que los Gansos Mudan sus Plumas"—Sacagawea se despidió de su familia y sus amigos. Había llegado la hora de que los exploradores comenzaran a escalar las Bitterroot.

Capítulo 5
Rumbo al Pacífico

Atravesar las montañas Bitterroot era difícil y peligroso. Comenzó a nevar y el piso estaba tan resbaloso que varios caballos cayeron. Los alimentos eran tan escasos que Clark bautizó un río como río Hungry (Hambriento).

Sacagawea aún estaba dando pecho a su bebé y necesitaba desesperadamente alimentos. Algunos de los hombres estaban tan enfermos que a duras penas podían caminar. Los viajeros se vieron obligados a matar y comer algunos de sus caballos.

Atravesar las montañas les tomó hasta finales de septiembre. Al llegar a las llanuras, los exploradores encontraron indios nez percé de los que obtuvieron alimentos. Se llenaron de bayas, salmón seco y pan hecho de raíces de camassia. El Capitán Clark fue uno de los que comió demasiado. "Estoy muy enfermo hoy y he vomitado, lo cual me alivia", escribió.

Ahora que habían cruzado las montañas, los exploradores no volverían a necesitar los caballos hasta el viaje de regreso.

Los nez percé aceptaron cuidar

de los animales hasta que ellos regresaran. Cerca de lo que es hoy día Orofino, Idaho, los viajeros construyeron cinco nuevas canoas y, a principios de octubre, continuaron su viaje.

Remaron en dirección al Océano Pacífico y, una vez más, se quedaron sin alimentos. Compraron dos docenas de perros a los indios y se los comieron.

En lo que ahora es el oriente de Washington, llegaron al río Columbia. Encontraron indígenas a todo lo largo de este inmenso río. Si el grupo hubiera estado conformado solo por hombres las tribus

se habrían preocupado, pero cuando veían a Mujer Pájaro y Pomp, les daban la bienvenida. “Ninguna mujer acompaña a las partidas de guerra”, explicó Clark en su diario.

A medida que se acercaban al Pacífico, la lluvia se volvió constante. El río Columbia corría con tal desenfreno que los viajeros se mareaban. Inmensos troncos ponían en peligro las canoas. La lluvia llenaba sus botes y pudría sus ropas.

Además, ¡había pulgas! Las pulgas penetraban

la poca ropa que les quedaba. Los hombres estaban tan desesperados que optaron por remar desnudos.

Finalmente llegó el tan esperado momento. Ya podían sentir el olor del océano. El 7 de noviembre de 1805 por fin lo vieron. Sacagawea y su bebé habían viajado más de 3.500 kilómetros para verlo.

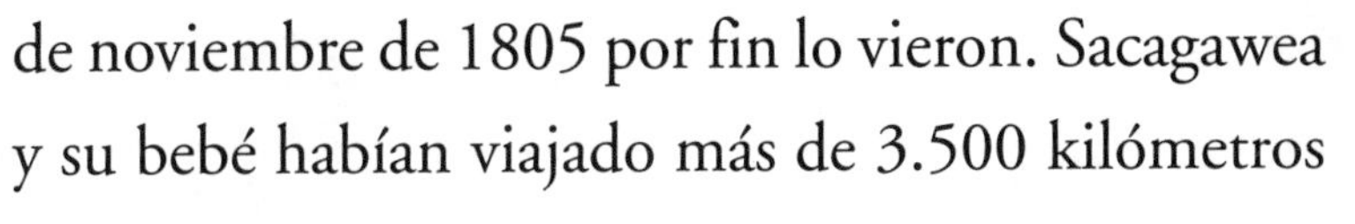

Los exploradores acamparon casi un mes en la costa norte del río Columbia. Buscaban un buen sitio para pasar el invierno pero la lluvia nunca paraba de caer.

Los hombres tenían problemas para conseguir leña seca para encender sus hogueras. Mujer Pájaro no lograba mantenerse seca y caliente a sí misma o a Pomp.

Una tarde a finales de noviembre, un jefe indio chinook visitó el campamento. Llevaba una capa de piel de nutria marina . . . Clark quería la capa. Los exploradores ya habían gastado todas sus cuentas azules así que Lewis le ofreció dos mantas a cambio de la capa.

—No cambiaría mi capa ni por cinco mantas de esas—fue la respuesta del jefe.

Luego, el jefe vio el hermoso cinturón de cuentas azules que llevaba puesto Sacagawea. Lo deseó tanto como Clark deseaba la capa. Mujer Pájaro se vio obligada a entregar su cinturón y Lewis recibió la capa. Los capitanes dieron a Sacagawea un abrigo azul pero su tesoro estaba perdido.

Para finales de noviembre, los exploradores tuvieron que escoger un lugar para su campamento de invierno. Todos votaron—incluyendo a Mujer Pájaro y York, el esclavo de Clark—por el mejor sitio para construir el fuerte. Fue una de las raras veces en ese periodo de la historia en que se permitió a una mujer y un esclavo votar en condiciones de igualdad con los hombres blancos.

Sacagawea deseaba trasladarse al otro lado del río Columbia, en el que se encontraba una deliciosa raíz. "Janey favorece un lugar en el que se encuentran cantidades de [wapato]", escribió Clark. La mayoría de los hombres también estaba a favor de atravesar el río, pues allí podrían cazar alces. La expedición atravesó el Columbia y, al hacerlo, pasó de Washington a Oregón.

Cerca del actual Astoria, en Oregón, los exploradores comenzaron a construir su hogar de

invierno. Lo llamaron "Fuerte Clatsop" porque los indios clatsop vivían en la zona.

La mayor parte de diciembre de 1805 la pasaron construyendo el fuerte. El lugar había sido bien escogido. Había suficiente madera para la construcción del fuerte que tenía seis habitaciones, cada una con una chimenea. El terreno era alto y no se inundaba con las constantes lluvias, y los alces abundaban. Esos animales eran la fuente de carne y pieles para sus nuevas ropas.

Capítulo 6
El invierno de 1805–1806

Mientras estuvieron en el Fuerte Clatsop, los exploradores fabricaron más de 300 pares de mocasines para el viaje de regreso a casa. Cada par duraba tan solo unos pocos días.

Los exploradores intercambiaban con la tribu clatsop pasteles de bayas y otros alimentos. El océano también tenía algo valioso que ofrecerles: sal. La sal era necesaria para dar sabor a las comidas y para preservar la carne para el viaje de regreso.

Para hacer la sal, los hombres hervían agua de mar en grandes ollas. Cuando el agua se evaporaba, la sal quedaba adherida a las paredes de la olla. Entonces los hombres la raspaban y almacenaban.

Alrededor del día de Año Nuevo de 1806, los

capitanes escucharon que una ballena había sido arrastrada a la costa. Clark formó un equipo para ir a extraerle la grasa. La grasa tenía un sabor similar al de la grasa de cerdo y sería un maravilloso cambio para estas personas que tan solo habían comido wapato y alce durante muchas semanas.

A nadie se le ocurrió incluir a Mujer Pájaro en el grupo que iría a ver la ballena y ella se sintió ofendida. Había viajado una gran distancia, en terribles condiciones, con los hombres. Había salvado sus pertenencias. Les había ayudado a conseguir caballos, conseguido alimentos para ellos

y arriesgado su vida muchas veces. Y todo eso lo había hecho mientras además cuidaba a su hijo. Quería ver la ballena.

Siguiendo la cadena de traducciones, Sacagawea habló con Clark:

—He viajado mucho para ver las grandes aguas—le dijo—. Ahora que van a ver el pez monstruo, me parece cruel que no me permita ir.

El Capitán Clark aceptó llevar a Mujer Pájaro a ver la ballena.

El cumpleaños de Pomp era el 11 de febrero de 1806. Para entonces, ya comenzaba a decir unas pocas palabras y a caminar. Clark se había encariñado con el niño. Lo llamaba "mi pequeño bailarín". Por las noches, antes de dormir, Clark alzaba al niño y le cantaba.

El principio de la primavera trajo nuevas emociones al Fuerte Clatsop. El Cuerpo de Descubrimiento llevaba tres meses y medio en su cuartel de invierno. Había llegado la hora de regresar a casa.

El 22 de marzo de 1806, Lewis y Clark entregaron el fuerte al jefe indio clatsop. Al día siguiente comenzaron su viaje de regreso a San Luis.

RÍO COLUMBIA
TERRITORIO BRITÁNICO
PUNTO DE REUNIÓN
POBLADO MANDAN
TERRITORIO DE OREGÓN
FUERTE CLATSOP (1806)
RÍO SNAKE
RÍO MISURI
LEWIS TOMA LA RUTA NORTE, CLARK LA RUTA SUR
COMPRA DE LUISIANA, 1803
SAN LUIS
N
W
E
S
VIAJE DE REGRESO A SAN LUIS, 1805–1806

Capítulo 7
El viaje de regreso

El viaje de regreso no fue tan duro como el de ida. A pesar de ello, los viajeros sufrían de hambre y enfermedades con frecuencia.

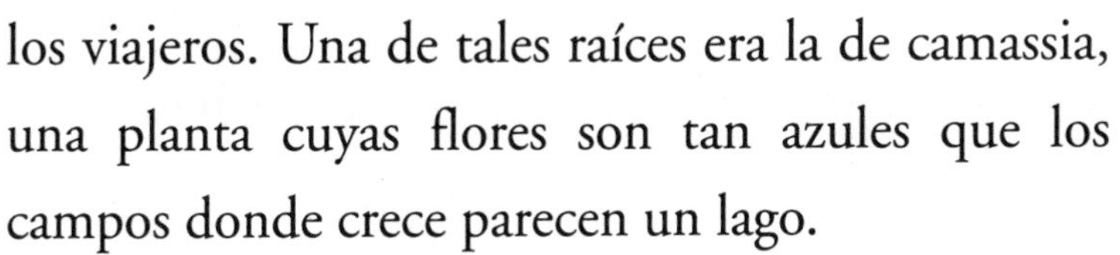

La habilidad de Sacagawea para encontrar plantas comestibles era más necesaria que nunca. Ella recolectaba cebollas silvestres y raíces para los viajeros. Una de tales raíces era la de camassia, una planta cuyas flores son tan azules que los campos donde crece parecen un lago.

Ella también recolectaba plantas para ser usadas como medicinas. "Nuestros enfermos se encuentran mucho mejor hoy", escribió Lewis el 16 de mayo de 1806. "Sacagawea recogió una cantidad de

raíces de una especie de hinojo que resultó muy agradable . . . ".

Durante la Luna en que los "Ponis Cambian de Pelo"—también conocida como el mes de mayo—los exploradores regresaron a donde los indios nez percé y recuperaron los caballos que habían dejado a su cargo. Los necesitaban para el viaje de regreso a través de las montañas.

También en mayo, Pomp se enfermó. El pequeño de quince meses de edad tenía mucha

fiebre. Su cuello y garganta estaban inflamados. Mujer Pájaro y los capitanes frotaban su cuello con cebollas hervidas y cera de abejas. Muy pronto se recuperó.

Durante parte del viaje los capitanes se separaron. Sacagawea viajaba con Clark y no se encontraron con su tribu en el viaje de regreso. No obstante, Mujer Pájaro conocía las tierras por las que viajaban y le mostró a Clark la mejor manera de atravesar las montañas. "La mujer india . . . me ha sido muy útil como piloto en estos terrenos", escribió.

El 25 de julio de 1806, el grupo de Clark avistó una inmensa roca cerca a lo que es ahora Billings, Montana. La roca tenía 60 metros de alto—como un edificio de 20 pisos. Clark la llamó la Torre de Pompey, en honor al niño que había estado tan enfermo. Clark escaló la roca y talló en ella su nombre y la fecha. Hoy en día la roca se conoce como el Pilar de Pompey. Clark también bautizó en honor a su "pequeño bailarín" un riachuelo cercano, que es conocido como "Riachuelo del Pilar de Pompey".

El grupo de Lewis se reunió con Clark el 12 de agosto. Se encontraron cerca de la frontera entre Montana y Dakota del Norte. A partir de entonces, los viajeros bajaron en sus canoas por el Misuri. Muy pronto llegaron a la aldea en la que dos inviernos antes habían conocido a Sacagawea.

El capitán pagó a Charbonneau $500.33, el equivalente a dos años de sueldo de un trabajador de la época.

Había llegado la hora de que Sacagawea, Pomp y Charbonneau se despidieran de los exploradores.

El Cuerpo de Descubrimiento siguió camino hacia su punto de partida: San Luis. Habían recorrido casi trece mil kilómetros y se habían ausentado durante 28 meses. Hacía tanto que nadie sabía de ellos que la mayoría de los americanos asumía que habían muerto.

Al acercarse a San Luis, los hombres comenzaron a celebrar. Su largo viaje llegaba a su fin. Muy pronto verían a sus familias.

La expedición de Lewis y Clark llegó a San Luis a finales de septiembre. Multitudes entusiasmadas los recibieron. Eran héroes. Habían explorado

tierras inmensas y lejanas. Lewis y Clark habían preparado el camino para la colonización del Oeste americano.

WILLIAM CLARK

WILLIAM CLARK (1770–1838) NACIÓ EN EL CONDADO DE CAROLINE, VIRGINIA. SU FAMILIA, AL IGUAL QUE LAS DE JEFFERSON Y LEWIS, ERA DEL CONDADO DE ALBEMARLE. EN 1783, SU HERMANO MAYOR, GEORGE ROGERS CLARK FUE ESCOGIDO POR JEFFERSON PARA LIDERAR UN VIAJE DE EXPLORACIÓN. GEORGE NO ACEPTÓ. VEINTE AÑOS DESPUÉS, WILLIAM CO-LIDERÓ LA EXPEDICIÓN DE LEWIS Y CLARK.

EL CAPITÁN WILLIAM CLARK HABÍA ESTADO CUATRO AÑOS EN EL EJÉRCITO. ERA UN HÁBIL NAVEGANTE, CARTÓGRAFO Y EXPLORADOR. SUS VÍVIDOS DIARIOS DE LA EXPEDICIÓN DE LEWIS Y CLARK NARRAN LOS EVENTOS COTIDIANOS DEL VIAJE.

TRAS EL FAMOSO VIAJE, CLARK SE ESTABLECIÓ EN SAN LUIS. FUE NOMBRADO SUPERINTENDENTE DE ASUNTOS INDIOS. SE CASÓ Y SU PRIMER HIJO FUE BAUTIZADO MERIWETHER LEWIS CLARK. WILLIAM CLARK TAMBIÉN CRIÓ Y EDUCÓ A LOS HIJOS DE SACAGAWEA, JEAN BAPTISTE (POMP) Y LISETTE.

MERIWETHER LEWIS

MERIWETHER LEWIS (1774–1809) NACIÓ EN UNA PLANTACIÓN EN VIRGINIA, CERCANA A LA DE THOMAS JEFFERSON EN MONTICELLO. SU PADRE Y JEFFERSON ERAN, ADEMÁS DE VECINOS, BUENOS AMIGOS.

EN 1794, LEWIS ENTRÓ COMO VOLUNTARIO AL EJÉRCITO. AL AÑO SIGUIENTE SE INCORPORÓ A UNA COMPAÑÍA DE TIRADORES COMANDADA POR WILLIAM CLARK.

CUANDO THOMAS JEFFERSON LLEGÓ A LA PRESIDENCIA EN 1801, LEWIS SE TRASLADÓ A LA CASA BLANCA COMO SU ASISTENTE PERSONAL. DOS AÑOS DESPUÉS, EL PRESIDENTE JEFFERSON LO NOMBRÓ JEFE DE LA EXPEDICIÓN QUE EXPLORARÍA EL OESTE AMERICANO. LEWIS PIDIÓ A SU ANTERIOR COMANDANTE, EL CAPITÁN CLARK, QUE FUERA SU SEGUNDO.

TRAS LA EXPEDICIÓN, LEWIS FUE NOMBRADO GOBERNADOR DEL TERRITORIO DE LUISIANA PERO NO HIZO UN BUEN TRABAJO. TOMABA DEMASIADO Y LA MUJER A LA QUE AMABA SE CASÓ CON OTRO. DEBÍA DINERO A NUMEROSOS AMIGOS.

EL 11 DE OCTUBRE DE 1809 MERIWETHER LEWIS SE PEGÓ UN TIRO.

Capítulo 8
¿Qué sucedió con Mujer Pájaro?

Y, ¿qué sucedió con la joven mujer shoshón? Sacagawea había hecho uno de los viajes más extraordinarios de la historia de América. Había viajado 7.200 kilómetros con su hijo en la espalda. Sin ella, la expedición podría haber fracasado. A pesar de todo ello, a ella no le pagaron ni un centavo.

Mujer Pájaro, Pomp y Charbonneau se quedaron algún tiempo en el poblado indio. Allí, Charbonneau recibió una carta de Clark. Clark los extrañaba . . . sobre todo a Pomp.

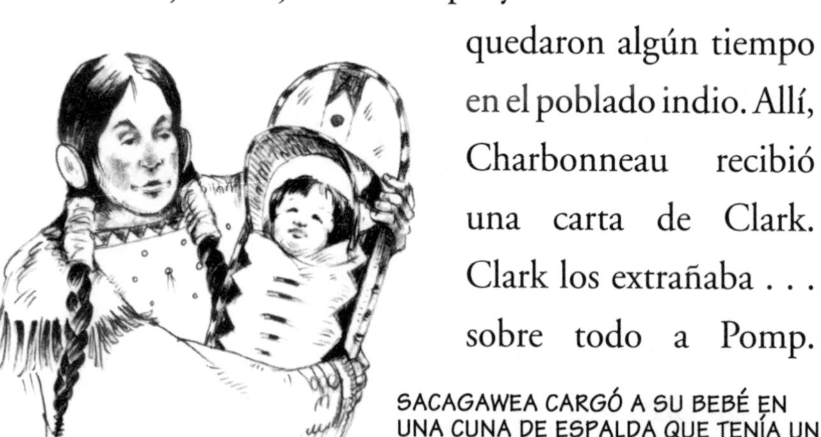

SACAGAWEA CARGÓ A SU BEBÉ EN UNA CUNA DE ESPALDA QUE TENÍA UN ESPALDAR RIGIDO DE CUERO CRUDO Y UNA MOCHILA TEJIDA PARA SOSTENER AL BEBÉ.

Clark planeaba establecerse en San Luis y quería que Charbonneau y su familia se trasladaran allí. A Charbonneau ¿le gustaría tener tierras cerca de San Luis? ¿Preferiría montar un pequeño negocio? Clark le ayudaría. Pero lo que Clark realmente quería era adoptar a Pomp. Su carta a la pareja decía:

Con respecto a su pequeño hijo (mi joven Pomp) ustedes conocen mi amor por él . . . Una vez más les digo que si me traen a su hijo, lo educaré y trataré como a mi propio hijo . . .

Sacagawea, su esposo y Pomp eventualmente se trasladaron a San Luis. En el otoño de 1810, Charbonneau compró una pequeña granja a Clark. Allí vivieron durante cinco meses Mujer Pájaro y Pomp. Pero muy pronto Charbonneau comenzó a impacientarse. La siguiente primavera llevó a Sacagawea en un viaje Misuri arriba para comerciar con pieles. Pomp, de seis años, se quedó en San Luis con William Clark y su esposa Julia.

Para finales de 1812, Mujer Pájaro y Charbonneau

se encontraban en un centro de comercio en lo que ahora es Dakota del Sur. Allí murió Sacagawea el 20 de diciembre de 1812. Acababa de dar a luz una pequeña llamada Lisette.

Un funcionario del fuerte registró la mala noticia:

Esta tarde la esposa de Charbonneau, una [mujer] Serpiente, murió de una fiebre pútrida. Era una mujer buena y la mejor en el fuerte, de aproximadamente 25 años. Dejó una linda bebé.

Clark aceptó a la niña también. Crió a los dos hijos de Sacagawea. Pomp se convirtió en un reconocido guía y comerciante en el Oeste. Posteriormente fue alcalde de una ciudad importante en California. No se sabe qué fue de Lisette.

Capítulo 9
Homenajes a Sacagawea

Durante casi un siglo después de la expedición de Lewis y Clark, Sacagawea permaneció en el olvido. En los años 1800, indios y blancos combatieron muchas guerras. Los blancos no estaban interesados en rendir homenaje a una nativa americana.

Para 1900, las luchas terminaron. El país se preparaba para celebrar los 100 años de la expedición. Fue entonces cuando los americanos "descubrieron" a Mujer Pájaro. De repente se volvió muy conocida. Hay más lugares bautizados en su nombre y monumentos en honor a ella que a ninguna otra mujer americana.

En Idaho, Montana, Oregón y Wyoming hay montañas que llevan su nombre. En Washington y Dakota del Norte hay lagos llamados Sacagawea.

ESTATUA EN EL
JARDÍN DE UNA CASA
OFICIAL, BISMARCK,
DAKOTA DEL NORTE
SACAGAWEA

Sacagawea también se convirtió en el sujeto favorito de artistas y escritores. Nadie sabe cómo era, así que los artistas han tenido que usar su imaginación. En el Capitolio de Bismarck, Dakota del Norte,

se encuentra una estatua suya y recientemente se levantaró una estatua de Sacagawea y Pomp en el Capitolio en Washington, D.C.

Cuando el siglo XXI se hallaba a punto de comenzar, la Casa de la Moneda de Estados Unidos planeaba acuñar una nueva moneda de un dólar. Sacagawea aparecería en uno de sus lados. Veintitrés artistas enviaron sus propuestas de diseño para la moneda. La institución publicó los finalistas en su página web. Más de 120.000 americanos—muchos de ellos niños—votaron por su diseño preferido por correo electrónico.

Las monedas de dólar de Sacagawea salieron en el año 2000. En ellas aparece una joven mujer india cargando un bebé. Con esa moneda se inició un periodo de celebraciones en honor de Lewis y Clark. En 2004–2006 se celebró el aniversario número 200 de la expedición. Los americanos honraron a los exploradores por su histórico viaje hasta el mar y recordaron a la joven shoshón que les ayudó a llegar allí: Sacagawea.

CRONOLOGÍA DE LA VIDA DE SACAGAWEA

1789 — Probable año de nacimiento de Sacagawea
Se desconoce la fecha exacta

1790 — Probable año de nacimiento de Sacagawea
Se desconoce la fecha exacta

1800 — Los indios hidatsa atacan el campamento de la tribu shoshón.
Sacagawea es capturada y vendida a un comerciante canadiense (Toussaint Charbonneau)
Se convierte en su esposa

1804 — Lewis y Clark, junto al Cuerpo de Descubrimiento, parten de San Luis para explorar los nuevos territorios

1805 — Nace Pomp, el hijo de Sacagawea

1806 — Se construye el Fuerte Clatsop

1812 — Diciembre 20. Fecha de muerte de Sacagawea

2000 — Estados Unidos acuña una nueva moneda de un dólar con la imagen de Sacagawea

CRONOLOGÍA DEL MUNDO

George Washington es elegido primer presidente de Estados Unidos	1789
Jacob Schweppe inaugura la primera compañía de refrescos gaseosos en Suiza	1790
El gobierno de Estados Unidos se traslada de Filadelfia a su nuevo capitolio en Washington, D.C.	1800
La "Compra de Luisiana" duplica el tamaño del país	1803
Napoleón se proclama a sí mismo Emperador de Francia Ludwig van Beethoven escribe su Tercera Sinfonía	1804
Se construye en Estados Unidos el primer puente cubierto	1805
Se publica por primera vez el Diccionario Webster's	1806
Luisiana se convierte en el estado #18 Nace Charles Dickens, escritor	1812
George W. Bush es declarado presidente electo después de más de un mes de realizadas las elecciones Hillary Rodham Clinton se convierte en la primera Primera Dama en ser elegida a un cargo público al integrarse al Senado	2000

DISCARDED BY